봄, 하루해 짧아서
꽃잎 하나 보지 못하네

봄, 하루해 짧아서 꽃잎 하나 보지 못하네

주병율 외

북스토리

차례

제1부

고재종

정혜경

김동헌

제2부

유용주

박남준

이향수

엄재국

제3부

임 보

남진원

이 향

정영애

제1부

정영애

배준석

고재종

정혜경

임 보

이향수

유용주

엄재국

남진원

김동헌

곽희숙

박남준

이향

주병율

고재종

내 마음의 독도

부산스럽게 살다가
휘황찬란하게 살다가
어느 날 문득 네 고독이 들썩이면
나는 어쩔 수 없이
나의 처음으로 돌아간다
나로서는 한 번도 밟아본 적이 없고
한 번도 의심해본 적이 없는
나로서는 나의 욕망 속에
한 번도 가두어본 적이 없는
나의 청태(靑苔) 낀
나의 처음인 네 나라엔
나의 마지막 벼랑이기도 한
소슬한 고독이
아직도 나의 처녀로 존재하리니

나 없는 내 인생*

마당을 활짝 여는 왕오색나비를 좇는데
왕오색나비는 담 넘어 사라져버린다

그러자 여기저기 쑤시다가
난 내가 아닌 채로 눈앞이 아득아득, 멍청해진다

록음악의 역사를 새로 쓴 재니스 조플린*은
위스키와 담배와 헤로인으로 찌든 쉰 목소리로
포효하고 소리치고 울면서 노래했다

햇빛에 반사되어 쪽빛으로 빛나던
장엄하고 화려한 빛의 왕오색나비는 흔적도 없고

난 수많은 사람들과 사랑을 나눴지만 이제 혼자 집으로
가겠지요, 라고 내뱉던
재니스 조플린, 그녀처럼

왕오색나비를 놓친 나는
난 지금 내가 아니야
내가 누구인지 말할 수 있는 자는 누군가, 중얼거린다

한 번도 만족하거나 원만한 삶을 누리지 못했다면
자유란 아무것도 잃을 게 없다는 것의 다른 이름일 뿐

난 늘 불안의 먹이를 노리던 구멍 속의 쥐,
성문 밖에서 기왓장으로 피고름 다리를 북북 긁던 욥,
된바람 홀로 받던 강변의 멀대 미루나무,
틈만 나면 우우우 울어대던 전신줄

나 없는 내 인생이었으매
아무것도 잃을 것 없이

왕오색나비 사라진 담 너머로 몰려드는 먹구름처럼
나는 아니 나의 과용(過用)으로
나를 죄다 잃어버린 것은 아닌지, 이 맹한 나날들

*나 없는 내 인생 : 스페인을 대표하는 여성 감독 이사벨 코이셋의 영화 제목으로 팀 로빈스와 사라 폴리가 열연함.
*재니스 조플린 : 1960년대에 모든 로커의 어머니, 히피의 여신 등이라 불린 미국 여가수로 헤로인 과용으로 사망함.

천국은 다만 꿈의 도서관이리

우리 동네 일곡엔 도서관이 있다.
솥에서 방금 꺼낸 고구마 같은 정보가
따끈따끈 살아 숨쉬고
여름날 알알이 익는 포도송이 같은 지식이
싱그럽게 일렁이는 곳.

김치찌개를 보글보글 끓이는 주부가
모처럼 문학소녀로 되돌아가고
밤마다 소줏집에서 절망을 대작하던 남편이
다시 뜨거운 재기의 경제학을 들추고
뿔난 망아지처럼 말 안 듣는 우리 아이도
동화 나라로 달려가 꿈의 망아지가 되어보는,

일곡의 도서관은 눈빛 초롱초롱하게
우주의 별을 캐려는 사람들 차지다.
대쪽처럼 준열하게 진리의 길을 묻고,
인생과 사랑과 시를 앓는 사람들 차지다.
청운의 꿈을 붙안고 뒹굴며
내일과 씨름하는 젊은이들 차지다.

그뿐인가, 일곡엔 도서관이 있다
새 세기 국제화의 주인이 되려는 영어 공부,

새 세기 문화 시민이 되려는 음악 공부,
미술과 영화 감상,
리더십과 마인드 컨트롤 공부가 있는,

일곡의 도서관은 가능성의 용광로다
일곡의 도서관은 창조성의 화엄바다다
일곡의 도서관은 미래로 열린 푸른 창이니
쌀 떨어져 쌀독 긁히는 소리에도
아이들 낭랑하게 책 읽는 소리,
나무 떨어진 냉골에서 수염에 고드름 달려도
하루 책 읽지 않으면 입안에 가시 돋는 소리.

우리 동네 일곡엔 도서관이 있다
세상에 도서관 없는 마을이 어디에 있는가
도서관은 한 마을의 지식의 백과사전이다
세상에 도서관 없는 마을이 어찌 마을인가
도서관은 한 마을의 사통팔달 트인 정보다

그러므로 삶의 지혜와 성공을 구하는 자도
인생과 사랑과 시를 노래하려는 자도
실은 세계가 하나의 도서관이자, 우주란
신이 쓴 하나의 거대한 책이라는 걸
도서관에 와서야 비로소 알게 된다.

참대밭의 시

아침 햇살 쏟아지는 참대밭의 우듬지들
청천 하늘로 쑤욱쑤욱 솟아오르듯이
그렇게는 높고 푸르게
우리의 꿈을 이야기하리

풍년에 기근 든 들판에서 넋 놓는 사람 있어
오늘 또 서러움으로 흐르는 강물과
외국 농산물 태풍으로 폐농한 사람 있어
오늘 또 외로움으로 치솟는 산봉우리를 향해
눈빛 푸르게 눈빛 푸르게
무슨 꿈을 노래하랴

한낮이면 참대밭에
사통팔달, 사통팔달로 청풍 바람 흐르듯이
그렇게는 청량하고 유유하게
우리의 희망을 열어보리

초록 잎새 너울치는 호숫가의 집일지라도
사람이 없으면 무슨 소용이랴
날이면 날마다 텅텅 비어가는 이 집 저 집들,
외로우니까 사람이지만

꽃과 나무와 새와 별과 함께
사람만이 또 희망 아니랴

참대 깎아 살 속에 피를 새기는 마음으로
우리의 고향을 노래하리
저녁이면 지쳐 돌아오는 가장을 위하여
참대숲 위에 반짝이는 별빛을 보아라
어느 담벼락 뒤에 사랑 때문에 우는 사람 있어
봄은 또다시 그 문을 열지 않겠느냐

우리 어머니의 가슴과 쏙독새의 울음과
우리의 형제의 희망과 느티나무의 푸르름과
우리 아이의 내일과 나팔꽃의 외침과
우리 아내의 눈물과 버들붕어의 이야기가
온 들판 가득 퍼져야 한다면,

오늘 여기 둥둥둥둥 북소리 있어
참대밭에 우수수수 바람 일어
온 들판에 메아리 한 번 쳐야 하지 않겠느냐

꽃피는 애인들의 때

네가 온다는 연락을 받고
난 가까스로 몸 일으켜 마중 나가는 동안
넌 벌써 천릿길을 달려와
플랫폼에 도착해 있었지

하지만 넌 떠나고
난 미처 흔드는 손 거두지도 못했는데
넌 벌써 서울역에 도착했다고
그렇게도 금세 휴대폰을 울려오곤 했지

애절하고도 빛나는 그 순간들로 인하여선
너와 내가 소맥*처럼 섞이는
그 술 먹고 반만 깨어난 것 같은 때

*소주와 맥주를 섞은 폭탄주.

고재종

1959년 전남 출생. 1984년 『실천문학』 등단.
시집 『바람 부는 솔숲에 사랑은 머물고』 『새벽 들』 『쪽빛 문장』, 산문집 『사람의 길은 하늘에 닿는다』 등이 있다. 시와시학상 젊은시인상, 흙의문예상, 소월시문학상 수상.

처음처럼

정혜경

가을 끝자락 2

달려오는
새벽을 맞이하기 위해
지나온 순간들은
고이 접어 놓아주어야 할 시간
어느새
불혹입니다

어떤 하루

지우개로 지운 흔적조차 없는
하얀 종이처럼
때론
머릿속을 비워두고 싶다

늦가을의 햇볕 2

때론
처절히 부서지는
저녁노을로

때론
묵정밭 가
이름 없는 들꽃으로

그리 살다
그리 살다

다 늦은 가을
꽃 한 송이 심었습니다

서리꽃

벌거벗은 나뭇가지에
무겁게 내려앉아 있는
눈 시린 서리꽃
한평생 쏟아낸
울 엄마 한숨 같아

정혜경
1962년 충북 증평 출생. 1999년 『문학공간』 등단.

김동헌

풍경

은행잎 떨어진 자리
노란 물 들어 환하다
보고 있자니 나까지 그 물, 번진다!
거기 은행나무가 있다는 걸 모르고 살다가
잎 물들어 번질 때 비로소 아, 하는 것처럼
우리는 서로 타인으로 살다가
누군가 삶의 순간에서 떨어지거나
물들어 자연으로 스밀 때 겨우 알아차린다
네가 떨어지면 나도 흔들리고
내가 물들면 네게도 그 색감이 번진다는 걸
가을비에 떨어진 은행잎 거리를 환하게 밝힌다
은행에 머물렀던 태양이 땅으로 스며 빛의 길 낸다
세상의 모든 것들은 그렇게 서로에게 스미며
서로를 물들이며 제 삶을 들어 올린다
우리가 서로를 꿈꾸듯 세상도 우릴 꿈꾸며
서로에게 스미고
서로에게 물들며
상처조차 서로의 빛으로 환하게 채우는 것이다
하나의 우주가 되는 것이다.

반송터널에서 길을 잃다

영월에서 태백으로
고도가 높아질수록
땅과 하늘은 자주 만나고
산 넘지 못하는 길
숲으로 파고드는 곳에 반송터널이 있다.

성묘를 마치고 구래 가는 길 아버지, 미처 떨쳐내지 못한 아픔 하나가 유리창에 반짝거려요 반송터널, 무중력의 그곳에서 내 정신은 갑자기 방향을 잃고 땅속 어디선가 금빛 출렁거리는 것 같은 착각에 빠져요 터널 안에서 수천수만의 생각이 모스 부호로 떠다니고, 당신께 반송될 수 있다면 앞으로 다가오는 시간들을 돌려 세우고 싶어요.

아버지의 땀과 눈물 스며든 길
비틀거리고 넘어지면서 부자가 함께 넘던 길
석항으로 녹전으로 황기 천궁 팔러 다니던
솔고개로 버들치로 뚫린 이 길
이제 당신께만 갈 수 없는 눈먼 길이다.

신호가 와요 머릿속에서 불빛이 명멸하고 제가 아버지께 반송되는지 아, 그림이 잡혀요 음성이 들려요 무중력의 터널, 오렌지빛 형광등 아래 당신이 보일 듯해요 자 전송을 시작해요 아버지, 뭐라고요 안 보인다고요? 눈을 감고 천천히 돌아갈게요, 제가 보이시나요?

버들치에는 사람이 살지 않는다

산이
물결로 떠다니는 곳,

구름이
분처럼 묻어나는 곳,

버들치엔 사람들이 하나 둘 떠나고, 고요한 바람만
산그늘 사이로 스며, 옛날의 숲으로 스며
나도 기억 속으로 스며, 하늘은 땅에 스며

외로운 이들
서로를 떠나보내며
눈물겹게 손잡고, 굴피처럼 웃던

버들치*엔 길과, 나무와, 풀꽃들과, 오래 묵은 햇살만
느릿느릿 기울고, 흙냄새 나는 이 늦기 전에 흙으로
돌아가라는 예언의 말씀만 들리고

저 묵밭
어디쯤엔
먼저 터 잡고 누운 버들치 사람들이
죽어 흙으로나 겨우 돌아오는 동무 기다리는가?

개망초꽃, 싸리꽃 진 자리
톡 톡 별 떨어지는 소리
씨앗들이 땅에 떨어져
내일을 준비하는 소리

살다
지치면
한밤 몰래 새우고
흔적 없이 빠져나오고 싶은.

*버들치 : 강원도 영월군 상동면의 구래와 녹전면의 화절치 사이에 있는 고개 이름.

뭍에 오른 쪽배

카센터 앞에 배 한 척,
눈 맞으며 서 있다
흘수선 아래 선명한 물이끼,
물의 무늬가 스며든 뱃전엔
드문드문 갈매기 발자국,
눈은 오고
바람은 불고
쪽배는 이리저리 뒤척이며
삐 삐
살 깎는 소리를 낸다

뭍에 오른 배는
한쪽으로 기울다가
재빨리 균형을 잡는다
어디로 기울어도 편안했던
물의 기억은 잊어야 한다
어느 한편으로도 휩쓸리지 않고
중심 잡는 일은 사람도 못하는 일,
쪽배의 방향타는
눈보라 칼바람에
저 혼자 휘리릭 휘리릭 돌아가다 얼른
제자리로 돌아오곤 한다

언 땅에
낡은 쪽배 닻 내리고 서 있다
뇌수 속에서
웅 웅 감응하는 파도,
칠 벗겨진 뱃전으로
눈발을 타고
바람을 타고
기어코 기어오르려 하고 있다.

아버지 산

산그늘이 내려온다.
이슬이 반짝인다.

산을 좋아하셨던 아버지는 어느 날, 산속으로 들어가셨다. 그 후, 나는 야호 소리로 산을 흔들지 못한다 산길의 고요를 함부로 깨우지 못한다. 평생 하늘을 바라보다 죽어 산 되신 아버지, 나는 아버지 산이 스스로 일어나 그 품을 보여주기까지 고요히 앉아 기다리게 됐다. 어둠 내리도록.

그렇게 아버지 산에 앉았다 돌아올 때면 큰 산 하나 줄곧 내 뒤를 지키다가 돌아보면 슬며시 웃는 것 같다. 생전에 그러셨던 것처럼, 서늘한 바람 부는 밤이면 아버지 산은 내 사는 곳까지 긴 그림자 드리우다가, 바람 자면 조용히 당신 자리로 돌아가는 것 같다. 아침을 열고,

햇살이 빛난다.
산그늘 일어선다.

김동헌
국민대 대학원 졸업. 계간 『열린시학』 등단.

곽희숙

연분홍

연분홍이
당신의 밥물처럼
바글바글 끓어오르다가
훌떡 넘친다.
연두가 작은 바람에 설렐 때
연분홍은 낙화를 시작한다.
허공에서 몇 번
아프게 뒤척이다
후르르 꺼져 내리는
연분홍.

사람들은
걸어가는 꽃잎이었고
차는 달리는 꽃잎이었고
그 많은 꽃잎들은
다 당신이었다.

당신,
연분홍 강물이 되어
내 안으로 드는가?
가슴 언저리가 금세
벌겋게 부어오른다.

노을이 지면
당신 치맛자락 같은
연분홍과 마주 앉아
청하 한 잔 기울이며
내가 당신의 전부였던
그때를 추억하리.
연분홍이 황홀하게
범람하는 봄밤.

연두

연두가 이제 막
부푸는 중이다.
살이 오르면 초록 물결로
푸드덕거릴 터이지만
연두의 연한 숨소리가,
삐악거리는 풍경이
숨차다.

배고픈 새
연두 찍어 먹지 않을까
앉았다 날아가는
나비 엉덩이
연두 묻혀 갈까
봄바람도 조심스러워
살랑이는데
철부지 연두 마냥 좋단다.

접촉 사고

좌측 깜빡이를 켜고
우측으로 들어갔다.
깜깜했고 부슬부슬 비가 내렸고
우리는 안부조차 잊고 살았다.
옆 차선을 질주하던 차와 충돌하는 순간
내 안에서 붉디붉은
그리움의 파편이 사방으로 솟구쳤고
목련꽃 한 송이 아프게 터졌다.
명함을 내밀고 돌아오는데
눈시울이 붉어지고
잠깐 경련이 일었다.
망울망울 벙그는 꽃이
체증으로 내려앉는
봄
낮게 엎드려
가슴을 바닥에 눌러도
도무지 진정되지 않는
그리움의 불길.

당신을 배고 싶습니다

한 번쯤 꼭 다시 만나고 싶은 사람이 있다면,
어머니 당신입니다.
아름다운 시절 속에
당신이 계시기 때문입니다.
당신을 다시 만난다면 미역국 해서
따순 밥 한 끼 꼭 해드리고 싶습니다.
생일 한 번 제대로 챙겨드리지 못한
부끄러운 두 손으로
오래오래 마주 앉아서
당신께 밥 한 번 미역국 한 번
떠먹여 드리고 싶습니다.
허락하신다면 당신의 온몸
구석구석 정성스럽게
닦아드리고 싶습니다.
어머니 당신이 일 년에 한 번
어버이날만 살아 돌아오신다면
카네이션이나 선물을 사러 가지 않고
꼭 그렇게 해드리고 싶습니다.
거울 앞에서 곱게 머리 빗겨 드린 후에
당신 볼에 조용히 입맞춤해 드리고 싶습니다.

몸과 마음을 깎아 나를 채워주신 어머니,
당신을 배고 싶습니다.
당신은 내 아기로 나는 당신 엄마로
그렇게 다시 탯줄로 얽혀 하나가 되고 싶습니다.

당신이 말씀하셨지요

1. 홍매

꽃 알이 저리 굵은 홍매 쟈가 열매도 얼마나 닥지닥지 열리는지 욕심이 참 많은 나무다. 그래 열매를 털고 나면 비실비실 심드렁 그렇게 여름을 난다. 너도 욕심을 너무 낸 거 아닌가? 어디선가 네 안에 열매를 너무 많이 털어내서 그러는 거 아닌가 말이다. 필시 그래서 세상만사가 다 심드렁한 게야. 욕심을 덜어야지.

2. 말씀 한 잔

침묵도 무관심도 때로는 힘이 된다는 당신 말씀, 저는 믿지 않았지요. 당신이 목걸이처럼 걸어주고 가신 그 말씀을 거울인 양 닦고 또 닦고 몇 번이고 들여다봅니다. 말간 말씀 속에 당신이 있고 내가 있습니다. 가을 깊어 와르르 와르르 잎 지는데 침묵이 낳은 이 온기 같은 그리움이 당신이 말씀하셨던 그 힘인지요. 오늘은 말씀 한 잔으로 마음을 데웁니다.

그만큼

서로 말 걸 수 없는 거리만큼,
그만큼.

만지지도 느끼지도 못할 만큼,
꼭 그만큼.

그저 바라보기만 할 수 있을 만큼,
그만큼.

그리움에 마음이 충혈될 만큼,
꼭 그만큼만.

곽희숙
2007년 월간 『시사문단』 등단.

13
23,280

주병율

나비야 나비야

봄, 하루해 짧아서 강물에 떠 가는
꽃잎 하나 보지 못하네

붉거나 희거나
그 꽃잎 떠나고 빈자리 사무쳐
밤바람 흉성한 봄날 저녁

보이는 것 하나 없이 애타는 마음
죄가 여기 있었네
그 꽃잎 내 안에 있었네

겨울 억새밭에서

나무에서도 소리가 난다고 했다
두릅나무에는 두릅 소리가 나고
느릅나무에는 느릅 소리가 난다고 했다
두릅나무 소리가 소리가 되면 개동백에 닿고
느릅나무 소리가 소리가 되면 눈보라에 닿아서
머지않아 봄이 오고 꽃이 핀다고 했다
얘야, 이 발자국 소리를 좀 들어보아라
이 소리가 두릅나무에 닿으면,
이 소리가 느릅나무에 닿으면,
눈보라 사이사이 맺힌 저 어둠에도
길도 되고 꽃도 되느니라
겨울 하루 탁발도 시원찮던 늦은 산길에서
한 마리 노쇠한 나귀처럼 털색도 바래고 뼈도 물러서
바람의 귀로나 들었어야 했던 노승의 한마디 말
두릅나무 소리가 소리가 되면
느릅나무 소리가 소리가 되면
하늘에도 길이 된다고 했던 말
땅에도 길이 된다고 했던 말

오늘은 눈보라 치고 성긴 겨울 억새밭에서
그 말들을 베고 누워도 그러나 아직도 나는 내게서 가서
나무에게 닿을 소리가 없다
두릅나무가 되고
느릅나무가 되어서 돌아올 소리가 없다
멀리 섬진강 저문 강에서
쩡쩡거리며 얼음이 갈라지는 소리가 난다

바라나시

장작이 쌓여지고 있었다.

불을 붙이고 있었다.

시신을 가린 천이 한 번 바람에 흔들리다 말았다.

아무도 울음을 우는 사람은 없었다.

좁은 골목마다 신탁을 기다리는 사람들과

눈알만 벌겋게 충혈된 개들이 어정거리고 있었다.

개들의 털빛은 번들거리고 붉게 잇몸이 드러난 이빨마다 침이 고여 있었다.

오래된 성곽의 석주마다 죽음들이 들러붙어서 매캐하게 연기로 떠돌고 있었다.

비가 내리고 송진 가루를 뿌리며 장작을 뒤집을 때마다 불티가 날았다.

그것들은 수백 수천의 나비가 되어 하늘을 날았다가 다시

천공의 맨 꼭대기 탑루에 딱정벌레들처럼 검게 내려 쌓이고 있었다.

천산에서 흘러온 물은 다시 천산으로 흘러서 강물은 소리도 없이 흐르고

강물 위에선 한 떼의 까마귀들이 버려진 시신을 파먹고 있었다.

만찬이 끝나면 그들도 언젠가는 하늘로 날아올라서 별이 되거나 나비가 될 것이었다.

소들과, 쇠북 소리와, 나발 소리와

시신을 떠멘 행렬이 강과 땅 사이, 가장 낮은 자리를 골라 밟

으며 바람처럼 지나다녔다.

사람들은 장작불 주위에 둘러앉아 시신을 태우고 남은 숯으로 빵을 구워 먹고 차를 마시고 경문을 외웠다.

경문의 구절마다 한 송이씩의 꽃들을 쟁여 강물 위로 띄우고 그 꽃들은 다시 이생의 남은 사람들에게 살아갈 날의 환한 등불이 되었다.

시간은 가지도 오지도 않았다.

산 자와 죽은 자들이 제각기 머물러야 하는 자리도 분명하지 않았다.

안도 없고 밖도 없었다.

위와 아래도 없었다.

사두들이 앉았던 자리는 온기가 없고 그들의 발걸음은 소리가 나지 않았다.

그들이 한 번 눈을 떴다가 감으면 천 년의 시간이 흘러갔다.

천 년에 한 번씩 부는 천산의 바람

그 바람의 먼지로 만들어진 도시 바라나시는 지금

비가 내리고

장작이 타고

장작이 타는 옆에서 아이들은 연을 날리고

타다 만 시신의 머리는 떨어져 땅 위에 있는데

바람을 타고 연들은 자꾸만 하늘 높이 날아오르고 있었다.

밤길

겨울 해 떨어지고 추워져 외진 산길을 걷는다
야생으로 차(茶)밭이 흔한 길이다
가을은 가고 겨울에 남은 부용꽃 마른 잔대를
마주 보고 있으면 자꾸만 쓸쓸해진다
이별을 하고 난 뒤에 바라다보는 빈 하늘 같다
밤에는 모두 어디로 가서 자는지
산짐승들은 기척이 없고 풀들은 죄다 고개를 숙였다
길에게도 옛 생각이 있다는 듯
먼 옛날 한 번은 다녀갔던 길이라고
걸음을 뗄 때마다
제법 귀에 익은 발자국 소리를 낸다
여기서부터 청석골까지는 시오리
이 땅의 차나무로 실하게 묻혀서
죽어야 세상에 다시 나겠다던 그를 만나면
여름에도 얼음이 녹지 않는다는 그곳이
춥지 않느냐고 물어보고 싶다
봄 여름 가을 겨울
세월이 너무 많이 가서
덧없다고 말하기는 늦은 저녁 때
하동역(河東驛) 경전선 철교 거뭇한 불빛도
선한 차(茶)빛이 되는 길이다

소금밭

패랭이 같은 여자가 있었다
날마다 자작나무 숲 속에 슬픔을 파묻곤 하던 여자가 있었다

달빛도 개도 모두 잠든 밤
함초 붉은 꽃잎의 낱장처럼 맺혀서

오래오래
읽혀지지 않는 눈물이 된 여자가 있었다

동풍이 불고
바다의 물고기도 입을 닫으면
소금밭을 건너서 영영 바다가 된 여자가 있었다

박새

눈밭에서 하루를 젖다가
산벚나무 아래서 박새들 잠이 든다
낮에 울었던 울음들 눈밭에 젖어도
언 발이 서로에게 포개어져 따뜻하겠다
하루를 굶고도 저리 편하게 잠들 수 있는 것들이 평화롭다
겨울 한밤이 자작나무 빛이다

주병율
1960년 경북 경주 출생. 고려대학교 대학원 졸업. 1992년 『현대시』 등단.
시집 『소멸의 지평선』 『빙어』가 있다.

제2부

김동헌

배준석

정혜경

유용주

정영애

남진원

곽희숙

이향수

박남준

주병율

이향

임보

엄재국

배준석

빨래집게 하나

아슬아슬 놓칠 듯 빨랫줄 위로
빨래집게 하나 기어간다

작은 더듬이 쭈뼛쭈뼛 세우고
마당가 햇살 따라잡고 있다

해마다 펄럭펄럭 자랑스레 나부끼던
하얀 기저귀 꽉 물고 간다

먼먼 기억 한 자락 꺼내 들고
엉금엉금 아기처럼 기어가다

멈칫 색 바랜

밤바다

귀가 항아리만 하다
텅 빈
항아리에 들어와 앉는 소리 떼
바람 따라 거칠게
무수히 반복되는
입부터 갖다 대고
악악, 악부터 쓰는

밤새 쌓이는 악다구니
헤아리다, 삭이다 보면
쓸 만한 가락 한자락 있을까
둥글둥글 익어가는 소리 있을까

칠흑같은 밤이 지나고
바다를 떠나면
귀 닫아놓고 잠시 잊어본다
항아리 밖으로 바람과 햇살
지나는 사이

고요한 달빛 아래
소리들 익는 구수한 냄새
그득하다
항아리만 한 귓속에

플라타너스 이파리

서울대공원 주차장
회색 콘크리트 갯벌에
게들이 떼로 나타났다
여기저기 쭈뼛쭈뼛
잰걸음으로 도망치다
인기척 끊긴 사이
살살 주변을 살피다가
바람 한 줌 지나가자
사사삭 또 도망친다
바람보다 약한 놈들 사는
세상, 가을에나 본다

저녁 먹을 시간에

입맛 다시며 저녁 먹을 시간에
식당은 텅- 소리만 울렸다
어스름은 빈손으로 기웃댔다
일없는 종업원들만 병든 닭처럼
식당 한구석에 옹기종기 모였다
짠맛 매운맛 풍기며
남루하게 지친 시간도
곁에 쪼그려 앉았다
TV에선 봄이 왔다고 환장하게 떠들어댔다
TV로 쏠린 눈동자 앞으로 분홍, 노랑 물들어도
혹시나 하는 발길 잡으려
곤두선 귀, 나팔같이 크다

저녁 먹을 시간은 소식 없이 지나갔다
마른침만 삼키고 삼키다
종업원들은 밥 먹을 생각도 놓쳤다
오지 않는 손님 기다리다
오붓한 시간, 마른 밥알처럼 다 흩어졌다
늦은 저녁 먹는 일도 미안해서
– 이제 그만 밥 먹자
그 말 한마디 멀리서 맴돌고 있다

주방장까지 슬그머니 TV 속으로 끼어들었다
기다렸다는 듯 TV에선 봄꽃들이 까무러쳤다

홍법사 사철나무

일부러 찾아다녀
쫓아다녀 될 일도 아님을 알지만
다니다 보니 우연히 만난 당신처럼
그해 겨울
바다나 보자고 서신 가는 길에 만난 것입니다.
우연이라지만 사실 필연인 것을
따지고 보면 다 그럴듯한
말뿐임을 또한 모를 리 있겠습니까.
조선 숙종 때 있었다는 절터엔
요즘 지은 말끔한 대웅전만 덩그마니
명찰 바꿔 단 듯
홍법사 이름을 울긋불긋 빛내고 있습니다.
말하자면 요즘 울긋불긋한
요란 떠는 말들도 많다는 것을
굳이 홍법사에다 빗대야 하는지
그래야 할 까닭이 있을까마는 말입지요.
겨울 바람이나 몇 개 줍고 서 있는 대웅전 발치
저희끼리 이리저리 꼬고 꼬이며
버팅기고 휘어져 살아온 사철나무가
사천왕 대신 서 있습니다.
사철 푸른 눈 뜨고
이놈, 저놈 시원찮은 놈 가로막고 서서

차가운 놈들까지 잡아채고 있습니다.
사철 푸르다는 것이 얼마나 힘든 일인지
와, 와, 요란 떠는 소리만 남기며
스쳐 지나가는 놈들은 알 수 없겠지요.
만약 홍법사에 수백 년 세월 혼자 뒤집어쓴
말없이 푸른 사철나무가 사철 없다면
우연이든 필연이든 다시 찾을 이유도 없겠지요.
당신과 수십 년 말없이 정든 세월도
그래야 빛나니까요.

주변머리도 없이

술 보기를 돌같이 했더니
거실 한켠 빽빽이 자리한
꽤나 이름 있는 놈들이 드디어 썩어간다
문배술, 복분자, 두견주
요즘 한창 잘나가는 놈들이다
이놈 저놈 찾아다니며
손 비비고 아부해야 출세한다는데
술 냄새 한 잔 풍기지 못하고
입 꾹 다문 채 거실만 지키다 보니
저놈들도 이름값 못하고 있다

입만 열면 잘난 놈
물에 빠지면 입만 동동 뜰 놈들
하 많은 세상에 끼지 못하고
수년간 입 봉하고 고향 주변만 서성거렸다
(술과 친구는 오래될수록 좋다는데
이놈들이 진정 내 친구일까)
– 이미 놈들은 지쳤거나 포기한 상태다

구차스레 놈들과 일부러
뜨겁게 만날 일도 없는 거실에서
오늘은 어떤 놈 입을 열어볼까
대작할 만한 놈일까 두리번거리다

여직 이름 없이 잘 살았는데……
또 입 다물고 만다

배준석
1956년 경기 안산 출생. 중앙대학교 대학원 졸업. 1993년 계간 『시와 시학』 등단. 시집 『환상 스케치』 『부끄러움의 끈』 『빨간 점무늬 넥타이』 『접신』, 수필집 『꽃은 말고 이파리만』 『세상이 하 수상하니』 『구름을 두드리다』 등이 있다.

ZEN

유용주

아내

그것도 세월이라고
한 이십 년 마른나무 물 짜듯 흘러왔는데

절대로 늙지 않을 것 같았던 아내,
내 낡은 일기장 위에 한 움큼 흰 머리털 뽑아놓았다

등허리에 콩 튀는 줄 모르고
걱정 마!
뺑치기 잘하고
삐지기 잘하는
쫀쫀한 새가슴
저, 대학 노트 열 권이 넘는 사연이 아내를 늙게 했다

기미 주근깨 복부비만 갱년기 건망증 주부 우울증……,
넘어야 할 장애물들 첩첩산중인데

초겨울, 하느님이 부친 입성 고운 편지 한 묶음
숫눈 일기장 위에 소복하게 쌓여 있다

모국어

루자리 통숙, 허우칭핑, 산토스 재클린 멘도자, 우빠촌 붓파, 와규 다가고, 메라솔비, 이찌노 세리쯔꼬, 에리니, 니따야, 팜티방, 우엔티 바오찬, 누스라 추엔스리, 수드라 웃통, 찬디아, 천양련, 이다희, 손소희, 호레이롱, ……, 모아놓고 한글을 가르친다

ㄱㄴㄷㄹㅁㅂㅅㅇㅈㅊㅋㅌㅍㅎ
ㅏㅑㅓㅕㅗㅛㅜㅠㅡㅣ

아기
진달래
아내
개나리

아, 버, 지, 어, 머, 니,
아아, 어, 머, 니,

갑자기 뒷자리에서 누가
흑, 하고 고개를 꺾는다

봄비 내리고
새는 울고

선풍기

지천명 문턱을 저만치 앞에 둔
늦가을 새벽은
툴툴거리다가 지쳐 나자빠지고

치열했던 열정은 식어
이 빠지고 머리칼 성글고 눈 흐려진 지 오래,
처진 가슴 위에 먼지만 쌓이는구나

닦아내면 상처자리 빗살무늬 선명한데
여기저기 닦고 조이고 기름칠하고 철사로 동여맨
검푸른 한 생애

멍들어 돌아앉았구나
돌아앉아서 말이 없구나

허연 수의 입고 독방에 갇혀버린
울울창창 한여름밤 내 청춘

슬픔

지리산 종주를 하다 만난 안종관 선생께서 말씀하셨다 중호 형, 채 쉰을 못 채우고 돌아가신 중호 형 부인 홍경화 형수가 마포 합정동 부근에다 식당을 냈다고, 한 번 갈아주러 가자고 한다 비빔밥 전문점, 그간의 사정을 알고도 남겠다 언제 서울 올라가면 한 번 가보자, 소주 서너 잔에 볼그족족한 얼굴로 말씀하셨다 합정동은 돌아가시기 전까지 중호 형 편집 사무실이 있던 곳이다

처가에 가서 공부에 잘 적응하지 못하는 아이 사정을 말하고 밥 먹으러 갔다 화평동 냉면집에서 돼지갈비와 왕냉면을 먹었다 불현듯 아내가 끼고 있던 반지를 장모님께 자랑했다 부부의 날 기념으로 이이가 선물한 것이라고……, 모두들 부러워하는 눈치다 사실, 그 반지는 친구가 술김에 사서 선물한 것이었다 아내의 자존심을 생각하자, 육수처럼 서러웠다

외국인 결혼 이주자들에게 한글을 가르친 지 두어 달이 됐다 하루는 집으로 전화가 왔다 서투른 한국말이었다 선생님, 저, 무까리예요 저, 화원을 열었어요 꽃집이라는 말은 아주 멀리에 있었다 무까리 친정어머니가 이역만리 고향에 있듯, 부영아파트 앞, 부영화원이에요 개업인데, 전화할 곳이 선생님밖에 없어

서……, 뒷산 숲 속에서 소쩍새가 섧게 울었다 나는 결국 개업식에 가지 못했다 먼 남쪽 바닷가 대안학교에 다니는 딸아이를 데리러 가려던 참이었다 무까리……, 부영화원……, 그리고 봄꽃 죄 피었다 지는 오월

머나먼 항해

시 빼놓고는 성한 곳이 한 군데도 없는 영근이 형이 결국 의식불명으로 중환자실에 입원했다는 소식을 듣고 상추씨를 뿌렸다

병원비가 무서워서(그것보다는 병원은 아예 관심 밖이었을 거라) 병원 문턱 한 번 제대로 밟아본 적 없는 시인들의 생활에 대해 화를 낼 수도 없어 땅을 파고 쑥갓씨를 뿌렸다

한때 『취업 공고판 앞에서』와 『대열』, 『김미순 전(傳)』을 무슨 교과서처럼 옆에 끼고 다니면서 바닥과 가난과 노동과 나누는 삶에 대해 울고 웃으면서 밤늦도록 눈 밝힌 적 많았다 시 앞에 부끄러움이 없으려면 이 정돈 돼야지, 핏발 선 눈동자로 아침 맞은 적 많았다

밤새 비가 내리고 이튿날은 달무리가 졌다 여름 들머리 초록 이파리들 바람에 살랑거린다 어제 빗방울들 땅속 깊이 젖어들어 순하게 다시 태어나겠다

사흘 지나 또 연이틀 밤낮 끊어질 듯 이어질 듯 흐르고 흘렀던 술자리와 술자리보다 더 멀리 번져나간 영근이 형 노랫자락이 산새 소리와 섞여 자욱이 숲 속으로 스며들었다 취생몽사, 그늘까지 환하게 물들여갔다

꽃이 지고 달도 지고 별도 사라진 늦은 밤부터 새벽까지 시도 때도없이 타전한 부호는 구조 요청이었던 것을, 망망대해에서 표류한 형이 물 떨어지고 쌀 떨어졌다는, 그리운 벗들 보고 싶다는, 등대가 보이지 않는다는 마지막 구조 요청이었던 것을

술값 떨어진 줄로만, 택시비 떨어진 줄로만 착각하고 귀찮아했던 밴댕이 소갈딱지 가슴을 치면서, 입술을 깨물면서 고추를 심었다 차갑게 식은 땅을 열고 매운 고추를 심었다

흙비
– 소설가 김지우 영전에

2007년 3월 26일, 오전 늦게까지 안개 자욱하더니, 안개 걷히고 햇볕 드는가 싶더니, 마른하늘에 천둥 울고 순식간에 캄캄해지더니, 장대비 쏟아졌다 빗방울은 우박보다 더 큰 소리를 내며 사정없이 따귀를 올려다 붙인다 얼얼하다 징게맹게 외엣미들 바늘 끝 모판 넘실대는 파도 위를 맨발로 달려가는 피 묻은 발, 뒤꿈치가 보인다 동진강, 만경강 지나 서해 넘실대는 잿빛 파도의 피 묻은 발, 뒤꿈치가 보인다 핏방울이 저렇게 누우렇다니! 채 봉오리 열기도 전에 떨어졌구나 자목련이여, 비 그치자 지상은 황사 뿌옇고 황토 언덕 아래 마늘밭 푸르러 푸르러 논두렁 태우는 연기 멀리 멀리 퍼져 나간다

네가 선배 되었으니 선배라는 말, 다시는 듣지 못하겠구나

유용주

1960년 전북 장수 출생. 1991년 『창작과 비평』 등단. 시집 『가장 가벼운 짐』 『크나큰 침묵』 『은근 살짝』, 산문집 『그러나 나는 살아가리라』 『쏘주 한 잔 합시다』, 장편소설 『마린을 찾아서』 『어느 잡범에 대한 보고서』 등이 있다.

박남준

잠자리와 아버지

그러니까 꽃밭에 풀을 뽑다 물을 주다
날개를 편 채 주검에 든 고추잠자리 한 마리
묻은 흙탕물 씻어내며 살펴보다
옛날 아버지의 몸을 염하던 생각
남에게 맡기지 말라 말씀대로
염을 배워 쪼글쪼글 식고 낡은 몸을 닦다가
처음 당신의 성기를 만져보던
여기에서 내가 나왔구나
언젠가 불쑥 힘을 고추 세우며
나를 세상에 쏟아냈을
삭정이 같은 아버지의 몸이 떠올랐다 순간
내 몸에 꽂혀오는 전율

아버지 가을이 깊어요 문풍지를 새로 발라야겠어요
문살엔 쑥부쟁이와 은단풍으로 문양을 넣을까요
겨울 내내 문틈으로 잠자리가 날아오를 거예요

한 생애 집도 없이 떠돌며
나뭇잎에 비를 긋고 이슬에 몸 젖었을
죽은 잠자리의 날개가 바르르 떤다

어린 찻잎

어린 찻잎이 화염 타오르는 솥 안에서
다작(茶雀) 휘돌며 춤을 춘다
싱싱한 것들이 연초록 봄빛들이
화르릉 달아오른 불길을 품고 껴안으며
풀이 죽고 숨이 꺾인다
꺼내어져 둥근 빨래처럼 비벼지고
모아졌다 풀어졌다 다시 뜨거워진다
온몸 비틀리며 말라간다
어찌하여 향기는 고통 속에서 피어나는가
차를 덖다가 그랬다
한 잎 찻잎이 온전히 솥에 던져져
초록의 향기로움 세상에 전하듯이
사람의 삶도 상처를 통해서야
비로소 깊어지는가
남김없이 수분을 빼앗기고 바짝 뼈마디 뒤틀린 것들이
찻물에 띄워지며 새록새록거리는 아기 숨소리
처음 어린 찻잎으로 거듭나며 세상에 전한다
찻잔에 담긴 푸른 바람의 하늘과 별빛
저 이슬 고요하고 그윽한

구멍 난 양말

저쪽이 지름길임을 안다
그러므로 이쪽은 돌아가는 먼 길이었다
고단하지 않은 저녁이 어디 있으랴
발꿈치가 구멍 난 양말을 들여다본다
바늘귀 어두운 어머니가 양말 속에서 부른다

애야 눈이 침침하구나 실 좀 꿰어주렴
어머니 눈길은 미끄러워요
마디 굵은 헛손질과 낡은 알전구를 삼켜
뽁뽁뽁 복어처럼 배가 튀어나온 둥근 나일론 양말과
물끄러미 돋보기를 쓴 옛날 영화가 흘러나온다

짐짓 못 들은 척 분리수거용 쓰레기봉투에 우겨넣는다
다시 꺼낸다 구멍 난 냄새를 맡아본다
징징거리던 아이가 기운 양말을 신고 학교에 간다
양말을 빨아 빨랫줄에 건다
어머니 저도 노안이 왔어요
아궁이 속에서 양말이 타고 있다
구부렸다 폈다 양말이 살아서 걸어왔던
저쪽과 이쪽, 에돌던 먼 길이 불길 속에 펼쳐진다

악양

매화꽃 그늘 아래 키 발을 들고
꿀벌들이 코를 벌름거리고 있다
청보리떼 몰려다니며 봄바람을 부른다
무딤이들 부부 소나무 사랑을 엿보았나
자운영꽃 들녘 붉게도 달아올랐다
집집마다 햇차 덖는 향기
모내기 끝난 어린 모들 안부가 궁금하여
구제봉에서 형제봉까지 안녕의 얼굴로 굽어보고 있다
저거 봐라 어디 어디
맑은 악양천 은어들이 올라오네
아이들이 족대를 들고 물장구를 쳐댄다
늙은 돌담 너머 감나무들 어쩌자고
저리도 곱게 꽃등을 켜드나
누가누가 세상을 밝히나
땀 흘려온 것들이 익어서 스스로 고개 숙인다
눈이 오는가 처마 끝에 내건 곶감들 풍경처럼 흔들렸다

지리산 자락 햇볕 쏟아지는 들,
섬진강 가 은모래 반짝이는 곳,
어찌 엎드려 살지 않겠는가

가을, 지리산, 인연에 대하여 한 말씀

저기 저 숲을 타고 스며드는 갓 구운 햇살을 고요히 바라보는 것
노을처럼 번져오는 구름바다에 몸을 싣고
옷소매를 날개 펼쳐 기엄둥실 노 저어 가보는 것
흰 구절초가 푸른 하늘을 배경으로
김치 김치 사진 찍고 있는 것
그리하여 물봉숭아 꽃씨가 간지럼밥을 끝내 참지 못하고
까르르르 세상을 향해 웃음보를 터트리는 것

바람은 춤추고 우주는 반짝인다
지금 여기 당신과 나
마주 앉아 눈동자에 눈부처를 새기는 것
비로소 관계가 시작되는 것이다
인연은 그런 것이다
나무들이 초록의 몸속에서
붉고 노란 물레의 실을 이윽고 뽑아내는 것이다
뚜벅뚜벅 그 잎새들 내 안에 들어와
꾹꾹 손도장을 눌러주는 것이다

아니다 다 쓸데없는 말이다
한마디로 인연이란 만나는 일이다
기쁨과 고통, 모든 것을 받아들인다는 것
당신을 향한 첫사랑으로 온통 물들어간다는 것이다

박남준

1957년 전남 출생. 1984년 『시인』 등단. 시집 『세상의 길가에 나무가 되어』 『풀여치의 노래』 『다만 흘러가는 것들을 듣는다』 『적막』, 산문집 『쓸쓸한 날의 여행』 『작고 가벼워질 때까지』 『별의 안부를 묻는다』 『나비가 날아간 자리』 『산방일기』 등이 있다.

6-34

이향수

오래된 편지

서랍을 정리하다
누런 하도롱 빛 편지 봉투를 보자
가슴이 통게통게하다

에미야, 바다(받아)보아라

넘실넘실 일렁이는 물결에
몸을 맡긴 채
하이얀 바다 위를
감실감실 떠가는 돛단배

어느새 잔잔한 바다에
파도의 전율이 울려 퍼지고
작은 배 두려움에 온몸을 파르르 떨 때
간절한 소망으로 바다를 응시하는
등 굽은 노송 같은 아버지의 기원 소리
하늬바람에 실려온다

봉화산 철쭉꽃처럼

하늘과 땅의 경계
백두대간의 능선을 타고
불꽃이 너울대더니

수평선에서 밀려오는 파도처럼
소백산맥의 끝자락 여기까지
삽시간에 달려왔네

둥둥둥
생명의 숨소리 울려 퍼지면
봉화산은 가슴을 열어
슬픔도 기쁨도 한껏 맞아들인다

산등성이를 감아 도는
눈부신 꽃등 터널 지날 때
일렁이는 벅찬 가슴

사위어가는 숨은 불씨
다시 살리어
남은 생애 꽃불길로
활활 타오르고 싶다

감나무를 바라보며

주홍의 등불같이 주렁주렁
가지에 달려 있는
노을빛을 머금은 감들을 바라보다
어느새
주홍홀 속으로 빨려든다

먼 생각의 창문을 열면
꽃잎 떨어진 감나무 밑
눈빛 고운 소녀가
별꽃으로 목걸이를 만들어
목에 걸고 있다
그때 담아본 꿈들이
저렇게 고운 질감으로 가지에 열렸는가

감 하나하나에 깃든
소망, 사랑, 아련한 추억……

이제 토네이도 같은 세월의 허방을 지나
그 따뜻한 품속에서
지친 영혼 잠시 쉬고 싶다

사모곡

어디선가 폭탄이 꽝 터진 것처럼
숲에 배인 향기에 고개를 들어보니
생강나무에 넝쿨손을 뻗어가는 붉은 인동초
억세고 질긴 향기에 취해 눈을 감는다

새벽 안개 사이로 산비알 감자밭에
고개를 묻고 역경의 그 길을
행복의 통로인 듯
걸어가시는 어머니

한 뉘 살아가시며
몰래 흘린 눈물 거두어
저토록 붉은 꽃 피웠나 보다

자작나무 숲길을 걸으며

작은 욕망으로 얼룩진
몸의 허물을 쉬임 없이 벗으며
하늘 향해 기도하는 자작나무 길
순백의 눈부심에 마음 빼앗겨
사뿐사뿐 걷는다

어느새
슬픔이 앉아 있는 가지마다
아팠던 사연들이
하이얀 뜨거움으로 일렁이더니
수맥처럼 사랑이 흐르고
휘파람새 포로롱 날아와 노래를 부른다

바람과 새들이 쉬었다 간 그 자리
나의 상념이 날아가 앉아
버리고 비워내며
더러워진 영혼을 허문다

이향수
2008년 『시조문학』 등단. 제3회 국회·한국문화원연합회 주최 창작시 공모 동상 수상.

엄재국

책

이 나비는 날개가 여러 장이다
검은 줄무늬의 부챗살을 접었다 폈다
오래도록
마르지 않아 축축한
옛사람의 발자국을 부치고 있다

어떤 이는 조롱 속의 새라 하기도 하여
흙으로 주둥이를 만들고
감씨를 쪼개어 날개를 만들어 세상 속으로 날려 보내기도 하지만
거기에도 여전히 부채는 들어 있다

또 어떤 이는 칼을 들고 문장의 눈을 뽑고 입을 찢고
행간 속의 뼈와 살을 가르듯 바르지만
여전히 칼은 닳지 않고
광주리에 담기는 건 칼자국뿐이라 했다

그들은
끝없이 펼쳐진 레일 위를 눈 침침한 기차를 타고 달리기도 하고
깊이를 알 수 없는 사다릴 타고 높이 오르지만
동트는 새벽이면 하늘의 솟아오르는 호수에 두 눈을 씻고
다시 간이역을 출발하기도 한다

이 나비는 여전히 날개가 여러 장이다
검은 줄무늬의 문장을 접었다 폈다
오래도록 마르지 않은 행간의 이끼 낀 우물 속
옛사람의 발자국을 길어 올리고 있다

봄날

저 빛살이 산기가 있어
산그늘 논둑 밑에서 몸 뒤틀더니
버드나무 머리끄댕이를 거머잡더니
산수유 개나리 목련 가지 끝
쓰레기장 냉이 순,
깡통 뚜껑에서 악을 쓰더니
아무 곳에서나 불쑥불쑥 해산을 한다.
천지간에 젖 빠는 소리, 어디선가
애기 비린내가 확 풍겨온다

구름의 주머니 툭툭 터지는 빗방울
흘러, 강이 되지 않는 사월 비
몸속 뛰어드는 빗방울의 쓴맛이 잡힌다
혼자 정관 수술하고 슬쩍 끼어드는 봄날

봄, 북상하다

봄이 방아쇠를 당기자 탄피처럼 나비가 난다

산등성이 곡사포, 산 벚꽃 언덕에 터지는 수류탄

화약 연기 진동하는 전장을 헤치고 헤쳐

다다른 여기 여름의 군사 분계선

담장을 막아섰던 넝쿨장미가 총상을 입고

머리에 피 흘리며 뒤돌아보는 유월

진지 잃은 벌들이 난민처럼 붕붕거리는

뱀사골 얼음골 패잔병 멀리 남겨두고

남이니 북이니 누가 뭐래도

널브러진 꽃모가지 군홧발로 짓이기며

진격 또 진격 북침하는 봄.

달

저 티켓 한 장이면 태양의 주위를 돌아
안드로메다 호텔에 일박 후
별빛 아슬한 은하의 계곡을 질주하는 패키지 관광을 즐길 수 있지

물론,
추석 설 명절엔
특급은 말고, 가다 서다 서다 가는 완행의 고향 길

기착지도 도착지도 내 마음대로 적은 후
미루나무 뒤 개찰구를 몰래 빠져나와
부모님껜 차창 밖으로 손 흔들듯 인사를 하고
아직도 거기 있을라나 몰라, 옛 순이의 울타리를 기웃거리다가

헤라클레스 떠꺼머리총각과
카시오페이아 아가씨의 눈빛이 번쩍 유성으로 빛나는 직녀성 꼭짓점 돌아
아직도 귀성 못한 행성들,
그래도 힘차게 돌아라 등 떠밀어주고

도심 어느 하늘 아래 아파트 숲속 놀이터
마젤란 성운과 말머리 성운을 흔들거리며 노는 아이 옆
구름의 흰 와이셔츠 주머니 속에서 슬며시 꺼내보는
아직도 반환하지 않은 오래된 티켓 한 장

꽃병

개나 소나 그리고 벌떼들, 바퀴벌레들
꽁치 가오리 멸치 새우 상어 고래
참새 황새 백로 왜가리 까막딱따구리
지렁이 무당벌레 침팬지 개똥벌레들
딱정벌레 사람 고릴라 진딧물 장수하늘소
피라미 미꾸라지 메기 뱀장어
모기 파리 하루살이 버마재비 말매미들

시절마다 꽃들은 피고 진다

정육점 붉은 불빛 아래 하루 더 신세지는 소 돼지
쓰레기장 죽은 쥐의 몸속에 다음 생을 파고드는 구더기
어물전 물 간 생선은 머리 위에 파리를 향기처럼 날린다.

장례식장에 며칠 묵어갈 사람 뒤따라 들어오는, 국화꽃,
둥글게, 둥글게 환한 화환들

엄재국
1960년 경북 문경 출생. 2001년 『현대시학』 등단. 시집 『정비공장 장미꽃』이 있다.

제3부

정혜경

임보

고재종

주병율

정영애

배준석

박남준

김동현

이향수

남진원

이향

유용주

곽희숙

엄재국

임 보

대[竹]

누에가 그 맑은 몸으로
은사(銀絲)의 가는 실을 뽑아내듯
대는 그 빈 몸으로 소리의 실을 뽑아낸다

그것을 못 믿겠거든
달이 밝은 밤 잠시
대밭에 나가 홀로 서 있어보라

아가의 손 같은 작은 댓잎들이
서로가 서로를 어루만지며
흰 달빛에 맑은 바람을 걸어
얼마나 신묘한 소리를 짜내는지

그래도 못 믿겠거든
저 단소나 대금의 가락을 들어보라
대의 몸에서 풀려나온
영롱한 소리의 실에
그대의 귀가 깊이 묶이지 않던가

대가 몸을 그렇게 비운 것은
한평생 자신이 빚은 소리의 실꾸리를
그 속에 담아두기 위함이다.

덕장

파도를 가르던 푸른 지느러미는
뭍에서는 아무 쓸모없는 장식,
대관령의 허공에 걸려 있는 명태는
거센 바람의 물결에 화석처럼 굳어간다

내장을 통째로 빼앗기고 코가 꿰인 채
일사분란하게 매달려 있는 동태,
등뼈 깊숙이 스민 한 방울의 바닷물까지
햇볕과 달빛으로 번갈아 우려낸다

눈보라에 다 뭉개진 코와 귀는 이제
물결의 냄새와 소리를 까맣게 잃었다
행여 수국의 향수에 젖을까 봐
밤의 꿈마저 빼앗긴 지 오래다

그렇게 면풍괘선(面風掛禪)*으로 득도한 노란 황태,
이놈들이 비싼 값으로 세상에 팔려나간다
요릿집의 북어찜,
제사상의 북어포,
술꾼들의 북엇국……

겨울,

서울역 지하도에

신문지를 덮고 누워 있는

덕장 아래 떨어진 낙태(落太)*들

---

*면풍괘선(面風掛禪) : 면벽좌선(面壁坐禪)을 패러디한 것임.

*낙태(落太) : 덕장에서 떨어져 내린 파손된 명태.

금동삼존불감(金銅三尊佛龕)

저 고려나 신라 적 우리 조상님네들
생각도 참 갸륵했다

먼 길을 떠날 일이 있으면
혼자 가시지 않고
부처님과 늘 동행하셨다

그것도 한 분의 본존불만이 아닌
좌우 두 분의 보살님도 함께 모셨다

아니, 부처님들만이 아니라
한 채의 절, 대웅전을 통째로
품에 안고 다녔으니
얼마나 그 가슴이 넓으셨던가?

하기야,
저 수미산 위의 아득한 도솔천을
품고 살았던 분네들이니
한 채의 절쯤이야 무슨 대수였겠나?

불감의 금동 지붕 위에
천 년의 하늘이 푸르게 고여 있다.

숲의 회의

낮과 함께 동물들의 발자취가 사라지면
밤과 더불어 식물들의 나라가 시작됩니다
동물들은 빛의 힘으로 세상을 보지만
식물들은 바람의 전령으로 말을 주고받으므로
어둠 속에서도 서로를 잘 압니다

소나무 숲에서는 소나무들이
참나무 숲에서는 참나무들이
대나무 숲에서는 대나무들이
끼리끼리 모여서 회의들을 합니다
사람들이 밀고 오는 불도저를 놓고
핏대를 올리기도 하고
새로 만들어진 댐을 놓고
고함을 지르기도 합니다

논에서는 벼들이
밭에서는 옥수수며 콩이며 고추며 곡식들이
과수원에서는 사과며 배며 복숭아며 과일나무들이
일 년 농사지어봤자 다 헛일이라고
불평불만들이 이만저만이 아닙니다

어디 그뿐인가요
산자락 풀밭에서는 오만가지 잡초들이 모여
제 이름들을 놓고 투덜댑니다.
왜 나는 쥐오줌풀이지?
왜 나는 애기똥풀이야?
개불알은 또 어떻고!
며느리밑씻개도 있는 걸!

못된 사람들 가만두면 안 되겠다고
그들은 연판장을 돌리기로 작정합니다
그리하여 바람의 전령들은 밤새 분주합니다
나무들의 산동네에서 들녘의 논밭 단지로
과수원 마을을 거쳐 경사진 잡초밭으로……

그런데 동이 트고 빛이 세상을 다시 점령하자
그들이 밤새 했던 모의가 부질없음을 깨닫게 됩니다
젠장! 그들의 말, 그들의 생각을
사람들의 귀에 담을 수가 없으니 말입니다.

딱따구리에게

똑또르르르륵…… 똑또르르르륵……

숲을 걷다가 영롱한 음향에 귀가 선다
지상에서 가장 명징한 가락을 뽑아내는
타악기의 연주자는 딱따구리다
그의 단단한 부리가
마른 나무를 두드리는 저 소리

똑또르르르륵…… 똑또르르르륵……

집을 짓는 것도
먹이를 찾는 것도
그들에겐 다 즐거운 음악이다
굳은 부리로 1초에 15번을 두드린다는
저 신묘한 새의 신기(神技)도 신기지만,
한갓 마른 나무의 몸통이 그처럼 맑은
소리를 품고 있다니 놀라운 일이다.

똑또르르르륵…… 똑또르르르륵……

숲 사이로 쏟아져 내리는 햇살이 눈부시다.

똑또르르르륵…… 똑또르르르륵……

딱따구리여,
날카로운 네 부리로 이 머리통을 때려다오.
부질없는 망상의 이 골통을 찍어다오.
한 가닥 맑은 소리를 뽑아내 다오.
텅 빈 영혼의 악기를 만들어다오.

똑또르르르륵…… 똑또르르르륵……

임 보

본명 강홍기. 성균관대학교 대학원 졸업. 1962년 『현대문학』 등단. 시집 『구름 위의 다락마을』 『운주천불』 『장닭 설법』 『가시연꽃』 등이 있고, 저서 『엄살의 시학』 『현대시 운율 구조론』 등이 있다.

남진원

김씨 아저씨처럼

옆집에 사는 김씨 아저씨
일용직 근로자
머리만 하얀 게 아니라 삶이 하얗다.

눈동자도 뿌옇다.
건조해지는 손등처럼.

눈물이 말라 있다.
지친 생각이 우울로 향하고 있다.

김씨 아저씨 집 주변,
돌멩이들도 주저앉은 모양이고
사람들은 잘못이 없어도 법을 어긴 꼴이 되어 걱정한다

둘러보니,
김씨 아저씨처럼 곳곳에 삶이 허기져 있다.

대화

잠을 깨면 밤이 우두커니
간병인처럼 앉아 있다

"잠이 안 와?"
거실을 서성이던 아내가 들여다보고 있다

"많이 아파?"
암 덩어리가 온몸에 번진 아내에게 묻는다

허긴 우리네 삶 속에서 어디 아프지 않은 날 있었던가 그러고 보니 흔들리면서도, 어딘가에 빠지면서도, 고단함을 묻은 채 여기까지 흘러왔구나

잠이 안 와?
많이 아파?

평범한 대화가 오늘 밤,
서로를 지탱해주는 백혈구가 된다

퉁소

비어 있어도 차 있구나

몇 굽이 구렁을 돌아 달구어지고 차가워지고서야
살아난 비의(飛衣)

허공에
음률로 맛을 낸다

슬픔을, 욕망을, 아름다운 명예마저도
지우며 흘러가는 새야

서리 내린 들판을 지나고 화려한 꽃 숲을 휘돌더니 그대 눈물
한 자락에 닿은 심심함

오늘

빼어난 혼돈으로 이루어지는
텅 –
빈 –

무음(無音)을 듣는다

병(病)

도시의 한 길가에 채소를 파는 할머니들
그들에게는 당당함만 있는 게 아니었다
탐내는 건강이 있었다

걸식하는 걸인들의 발걸음도 행복하기만 한 오후

아픈 이에겐
그들은 가난한 사람이 아니고 불쌍한 사람이 아니고
세상에서 제일 화려한 사람들이었다

아내는 하루에도 몇 번씩 한 움큼의 약을 털어 넣어야 한다
그리고 눕는다

아내는 지금
손을 가슴에 모두우고
잠들었다
무릎을 세운 채,

비에 젖어 웅크리고 있는 닭처럼
겁먹은 아이처럼……

병이 모든 걸 평화롭게 해놓지 않았다

배경(背景)

병실 문 안으로
우는 소리가 들어온다
이내 소리가 쏟아진다
나는 누워 있다가 벌떡 일어나 앉는다
조용한 공기를 타고 61병동 간호사를 부르는 소리
긴장으로 병동이 흔들린다

내 옆에 환자는 잠든 듯 일부러 가만히 있다

지금 이 순간
모두 배경이 되었다

영혼의 숲속에서 죽음을 맞이하는 문이 열리고 있었다

남진원
강원도 정선 출생. 시집 『어초』『장자의 하늘』, 명상 시집 『나를 읽는 시』, 책 속의 시집 「걸어가는 앉은뱅이」가 있다.

이 향

만개

뭔가에 몰입한 듯
홀린 듯, 멈출 수 없이 피는
목련은
무슨 일이 일어날 암시 같다

소리란 소리 다 빨아먹고
벌어질 대로 벌어져
흰 그림자만 돌아다니는 골목

무언가 부추기기라도 하는지
무슨 일이든 저지르고 싶어 안달 난 꽃은
사이비 종교에 빠진 사람의 눈동자처럼
피는 일에만 열중하고 있다

꼭 누군가 미쳐나가 버릴 것 같은데
누군가 한 명은 저 흰 그늘에 목이라도
매달 것 같은데

적막 속으로 하얗게 몰아가는
태풍의 눈처럼, 꽃 필수록
팽팽해지는 골목

꽃이 전속력으로 밀어붙이고 있다

그곳

어느 발레리나의 발가락을 보는 순간
나도 모르게 음부에 손이 갔다
왜 하필 그곳을 가리고 싶었을까

늘 어딘가에 가려
제대로 내놓은 적 없는 발가락
그녀의 가장 중요한 곳이라도 되는지
금방이라도 숨기고 싶어
자꾸만 꼬물거리고 있다

그녀의 발가락은
미끄러운 순간을 지탱하느라
아슬아슬한 물집이 매달려
마치 물포도송이 같았다

중요한 곳들은 다 그런 것일까, 그래서
볼일만 보고는 얼른 가리는 것일까
보고도 못 본 척하고 싶지만
슬쩍 다시 들여다볼 때도 있는 그곳

음부든 발가락이든
각자 감당해야 할 몫이 있어
아무리 불어터져도
다 보여줄 수는 없다

빈집

홀로 살던 앞집 할머니 돌아가시자 그 집은
대문 한 번 열리지 않는데

올해는 참 이상하다
빈집이 소란스럽기도 하고, 뭔가
꽉 채워지는 것 같기도 하더니

순식간에 담장 위로 밀어올리는 저 힘
누가 가꿔도 저토록 생생할 수 없는, 꽃이
일제히 피었다

날마다 넘쳐나는 집의
적요와 어둠이 꽃을 키우는지
집이 허물어지는 만큼 더 벌어지는 꽃이
마치 집을 파먹기라도 하는지
꽃만 눈에 띈다

꽃도 너무 탐스러우면 더럭 겁이 나는 것일까
담장을 감고 도는 꽃넝쿨에 빨려들 것 같아
아무도 얼씬거리지 않는데

꽃만 담장 밖으로 시끄럽다

한순간

잠시 눈 감았다 뜨면 사라지는
순간이 있다

어제 저녁 붉게 노을졌던 태양의 한때처럼
오늘 아침 초록으로 흔들리는 잎의 한때처럼
순간이란 붙잡아두고 싶은 것이어서
새벽마다 물방울이 맺히는 것일까

물방울 같은 한순간
그 물방울만 한 힘이 나뭇가지를 휘게 하는지
그때 붙잡고 싶었던 것은 네가 아닌 그 순간이었다

한순간은 그렇게 왔다가는 걸까
어느 순간 기척 없이 빠져나간 손바닥의 온기처럼
깊이를 알 수 없는 밤의 그늘처럼

저쪽에서 이미 예정된
한순간이 있다

구겨진 몸

불 피우다 보면
구겨진 종이가 더 잘 탄다
주름살 많은 부채 속, 바람 접혀 있듯
구겨진 몸에는 통로가 있다

밑바닥까지 굴러본 뒤에야 깊어지는 숨처럼
쿡, 처박혀봐야
뻑뻑한 등도 굽을 수 있지
그래야 바람을 안을 수 있지

반듯한 종이가 모서리 들이미는 사이
한 뭉치 종이가 불을 먼저 안는다

구겨진다는 것은 바짝 다가선다는 것일까
더 망칠 것 없다는 듯
더 망설일 것 없다는 듯
온몸으로 불길을 연다

이 향
계명대학교 대학원 졸업. 2002년 매일신문 신춘문예 등단.

정영애

송이

어째 낯설지는 않은데
불경스럽게도 화끈거리느냐, 나는
족보 있는 뿌리로 우뚝 선 채
나를 일으켜 세우겠느냐
감히 함부로 할 수 없는 귀골의 희디흰 뼈
깊은 몸속을 더듬듯 그 아득한 속을
물을 길이 없구나
붉은 소나무의 강렬한 목향 같기도 한
흰 밤꽃의 내밀한 숨 막힘 같기도 한
혀끝으로 살살 어루어 부풀어가는 맛이란
저린 손발쯤이야 무슨 눈치를 채겠느냐마는
아무 이유도 모르는 아랫도리는 왜 뻐근해 오는가
입속 가득 묵은 때 벗겨내고
천 년의 향
목젖 깊숙이 밀어 넣는다

생선을 손질하며

싱싱한 바다 한 마리를 도마 위에 올려놓고
파도부터 토막 친다
파닥임에는 수많은 자유가 숨어 있어
내리치는 칼끝조차 비늘처럼 반짝인다
길길이 뛰어오르던 시야의 안쪽으로
한 떼의 파도가 물거품으로 솟았다 사라진 걸까
튀어 오른 몇 방울의 물기들이 눈물처럼 짜다

고통을 덜어주듯
한순간에 푸른 바다를 토막 쳐
단칼에 기억을 잘라낸다
기억이 많다는 것은 아픔도 많다는 것이다

물결대로 살아온 무늬를 향해
수장(水葬)을 고집하며
어느덧 꼼짝도 하지 않는 고요한 성깔
날렵하게 유영하던 저 깊은 과거 속으로
헤엄쳐 가는지
허공을 바라보는 눈이 깊다
절단된 기억으로 전생은 까마득하겠지만
이제 바다는 편안해질 것이다

저녁놀이 핏빛이다

냉장고를 바꾸며

이사 오던 날
같은 날, 같은 집으로 우리가 들어섰을 때
가장 먼저 부엌의 환한 자리에 그대를 앉혔네
간간이 물 흐르는 소리 들려주며
부풀지도 시들지도 않게
삶의 부피를 다독여주던 그대
하늘과 바다를 들여놓고 벌레 먹은 흙의 피붙이까지
착실히 지켜주며 수시로 들락거리는 식구들의 빈속을
다소곳이 쓸어주던 그대
늦은 저녁 든든한 그대를 기대고 앉아
깨알 같은 일기를 써 내려가면
은은한 미열로 전이되어 내 등을 훑으며 그림자 비켜주던 그대
아무 때나 불쑥 그대 마음속 뒤적거려 상처를 돋게 해도
덧나지 않는 온도로 생의 목마름을 씻어주던 그대

우리는 끝없이 흐르고
순간순간이 매듭지어져 긴 시간이 된다는 것을 알면서도
굽힐 때마다 조금씩 아픈 내 허리의 통증은 알면서도
그대의 혈관에도 시간의 더께가 앉아
허둥거리는 체온으로 나처럼 깜박인다는 걸
깜박한 채

그대에게 무심했던 내 게으름을 뒤늦게 책망하면서
돌아서는 여자처럼
그대를 떠나보내는 일 아프다
그대, 헤어짐은 또 다른 만남을 준비한다는데
너무 쉽게 그대를 떠나보내는 건 아닌지 민망해하면서
가장 깨끗한 행주로 마지막 염(殮)처럼 그대의 몸을 닦는다
잘 가라
푸른색 테이프로 결박당한 채 문 밖에 서 있는 그대
그대가 어디로 가는지 묻지 못했다

길 밖에서

여승(女僧)이 되고 싶었다

함부로 살았던 지난날을
푸르게 삭발하고
문둥병처럼 도지는 캄캄한 마음을
연등으로 매달아
평생을 묵언하듯 살리라 그랬다
하지만 헤픈 연애질로
삶은 제멋대로 바람이 나서
잎맥마다 세속의 길을 감추고
나를 꼬드겼다
사내를 받아들이고
아이를 낳고
적금 통장도 불릴 줄 아는

긴 염불처럼
회오리치지 않는 생이
만성 두통으로 이력이 날 즈음
이 길이 맞는지 틀리는지 몰라
가끔 술도 마시다가
새벽이면 공양 올리듯
공손히 쌀 씻어
절 한 채 세우는 마음으로 밥상을 차리면
식구들 숟가락 부딪치는 소리 수다한 아침
그 속으로
나뭇잎 같은 여자 혼자
오늘도
타박타박 먼 길 떠나고 있다

블랙커피

너를 뺀 나는 어둠이었네
캄캄한 슬픔을 앞에 놓고
나 찻잔처럼 식어가네
네가 열었던 내 안의 문들
하나씩 닫히고
마지막 한 줄기 불빛
흔적도 없이
까맣게 울고 싶었네

한 모금씩 줄어드는 네가
빈 시간으로 놓이네
슬픔이 검은 짐승처럼
바닥을 드러내면
울음 한 장, 비닐처럼
목젖에 걸리고
우리가 들어가 앉았던 흑백 사진
먹빛이네
찰랑찰랑 결별이 찻잔을 흘러넘치면
머지않아 쓰디쓴 너를
단숨에 마셔야 하네

가장 어둠이 짙은 시간에

새벽이 오듯이

환한 어둠 속으로

나

둥둥 떠다니네

도라지꽃

벽지 속 꽃무늬로 낡아가던 여자
누추한 방에 보릿자루로 익어가던 여자
아버지의 가래 속에 뱉어지던 여자
밤이면 허기진 눈이 맑아오던 여자
백치 같던 여자
우렁이 각시처럼 빈 물독에서 아침 짓던 여자
기침할 때마다 내 목에 스며들던 여자
쓰디쓴 생이 뿌리로 내려
땅속까지 하얗게 불 밝히던 여자
생즙 같은 여자
날마다 빛 한 줄기씩 뽑아내고
지금은 몸이 어두운 여자
한 번도 하늘에 올라가지 않은 여자

곧 별이 될 여자

정영애
마산 출생. 2001년 의정부 신인문학상, 2008년 지용신인문학상.

'문학관, 도서관에 문학작가 파견 사업' 작품집

봄, 하루해 짧아서 꽃잎 하나 보지 못하네

1판 1쇄 인쇄 2010년 1월 25일
발행 2010년 2월 5일

지 은 이 주병율 외
발 행 인 주정관
발 행 처 북스토리

주 소 서울 마포구 서교동 483-1 평화빌딩 5층
대표전화 332-5281
팩시밀리 332-5283
출판등록 1999년 8월 18일 (제22-1610호)

홈페이지 www.bookstory.biz
이 메 일 bookstory@bookstory.biz

ISBN 978-89-93480-37-5 03810
978-89-93480-41-2 (세트)

본 책자는 문화체육관광부(주최)와 한국도서관협회(주관)의 '체육진흥투표권 공익사업적립금'으로 추진된 "문학관, 도서관에 문학작가 파견"사업에서 지원함.